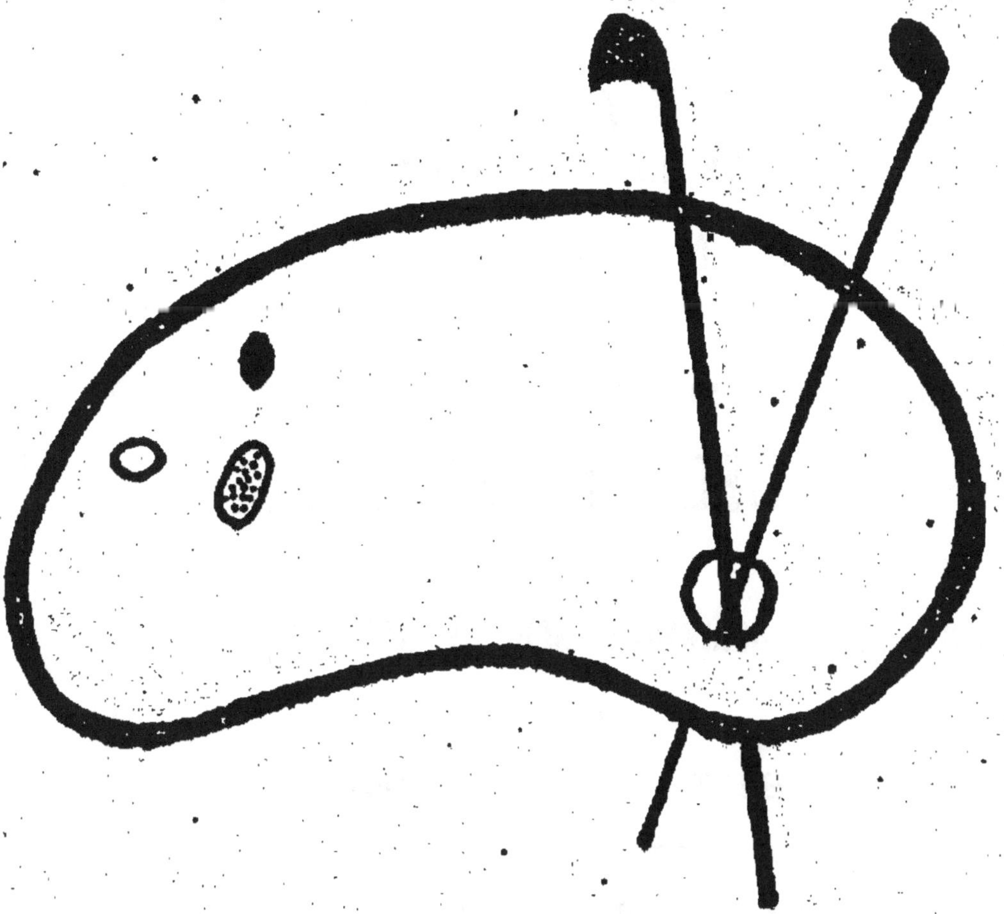

DEBUT D'UNE SERIE DE DOCUMENTS EN COULEUR

POUR LA PATRIE

L'ALGÉRIE
AUX FRANÇAIS D'ORIGINE
OU
LE VÉRITABLE SENS DE LA QUESTION
DU DÉCRET CRÉMIEUX
ET
DES LOIS ALGÉRIENNES SUR LA NATURALISATION

PAR

M. BOHRER (Jean de Fermatou)

—:o:—

"POLITIQUARDS ALGÉRIENS"
Chronique du même auteur
parue dans le *Réveil de Sétif* le 25 avril 1897

Prix : 10 Centimes

ALGER
IMPRIMERIE BALDACHINO-LARONDE-VIGUIER

1898

QUI VIVE ?

L'ALGÉRIE AUX FRANÇAIS D'ORIGINE !

Très bien ! Passez.

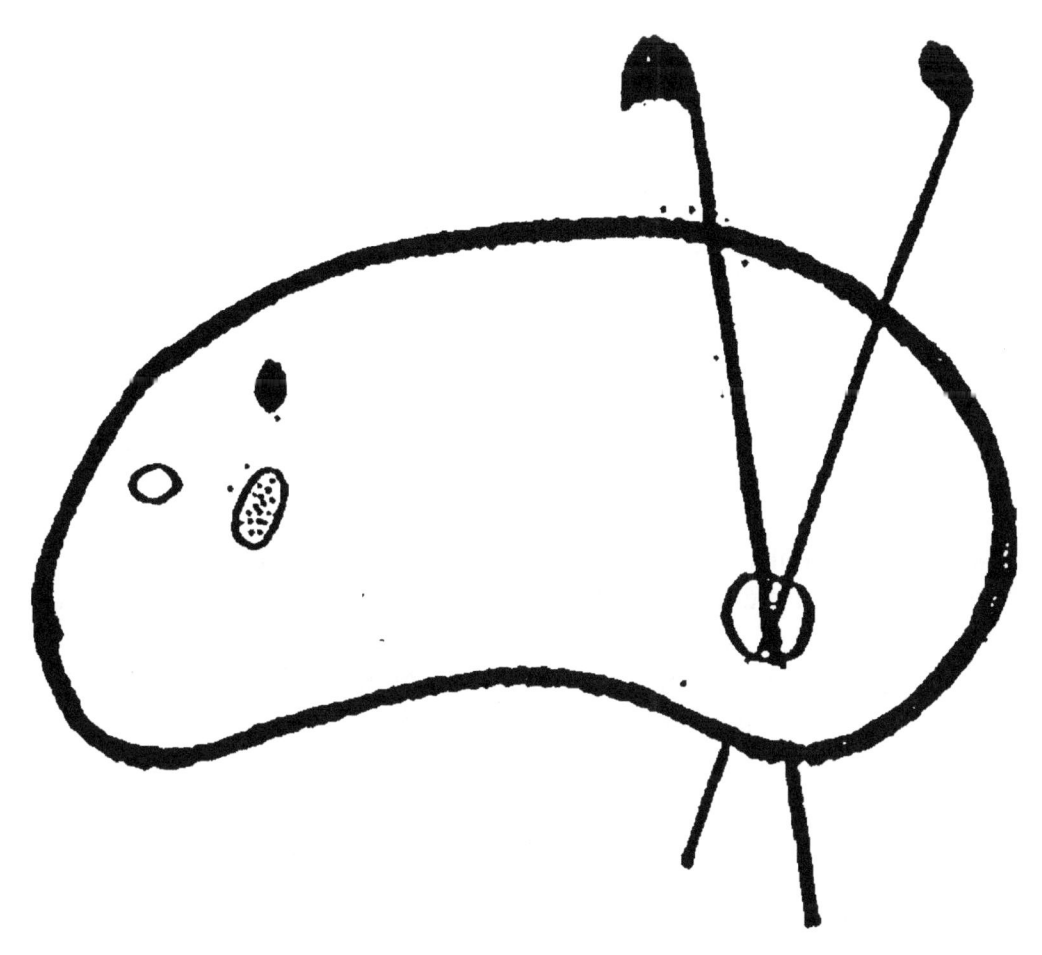

FIN D'UNE SERIE DE DOCUMENTS
EN COULEUR

POUR LA PATRIE

Sur cette seconde France, où le sentiment national français vient de recevoir de rudes assauts, où ce même sentiment est à la veille d'être sacrifié, il est nécessaire pour nous, Français d'Algérie, absolument libres et indépendants, de placer chaque chose à sa place et de nous préparer tous à surmonter avec énergie le courant envahisseur.

Ce qui se disait tout bas hier, doit se crier bien haut aujourd'hui :

Nous souffrons ici de la politique, rien que de la politique.

La politique s'est introduite partout. On la sent dans les foyers, aux cafés, dans les rues ; on fait plus de politique que d'ouvrage ; les masses indigènes mêmes qui, jusqu'à ce jour, avaient trouvé excellent de ne rien faire, font également aujourd'hui de la politique. Certes, nous le devons pas aux travailleurs ; c'est surtout certains publicistes d'origine plus ou moins cosmopolite, que nous rendons responsables de la situation.

Et puisque l'Algérie est livrée à la *politique* qui dégrade et avilit tout, nos efforts à nous Français d'origine, doivent tendre à rendre cette politique honnête, à ne pas être dupes ou complices de qui que ce soit, et d'avoir sur tous les éléments cosmopolites qui s'agitent, la suprématie que nous confère le DROIT DE CONQUÊTE, en vue de la paix.

**

On ignore peut-être trop dans les foules, dans les modestes demeures de nos bons concitoyens, ouvriers de toutes classes, de la plume comme du marteau, que nous nous trouvons *trois cent mille Français d'origine seulement*, en présence de CINQ MILLIONS d'étrangers dont quatre millions et demi d'Arabes, et *cinq cent mille* Italiens, Napolitains, Grecs, Espagnols, Allemands, Autrichiens, etc…

Les Arabes sont *sujets français* de par la loi. Ils n'ont pas le droit de vote, autrement qu'à la suite de décrets individuels ; fort heureusement pour la colonie qu'il en soit ainsi ; mais pourquoi ce qui a été refusé aux uns, avec autant de justice que de prévoyance, a été donné aux autres sans discernement ?

On a déjà affirmé en haut lieu, dans les Conseils généraux et au Conseil supérieur à Alger, et il convient de bien observer que, grâce à nos lois actuelles sur la naturalisation, grâce à nos lois de recrutement militaire et municipales, le moment arrivera en Algérie où les électeurs français d'origine seront complètement absorbés, noyés par les électeurs de nationalité étrangère.

Français, devons nous l'accepter ?

Pour citer un exemple, avec la brutalité des chiffres, nous cueillons au hasard, dans nos archives officielles :

COMMUNE DE MERS-EL-KEBIR, CANTON D'ORAN

Electeurs inscrits.......................... *373*

Français d'origine...............	76	
Napolitains et Italiens.............	216	égalité.
Espagnols.....................	81	
Total égal....	373	

Est-ce assez concluant.

Voyez-vous d'ici la plupart de nos communes algériennes livrées dans les mêmes conditions ?

Français, n'est-ce pas là un véritable danger ? Ne démasquez-vous pas les infâmes projets de ceux qui parlent de L'ALGÉRIE LIBRE ? de ceux qui agitent le peuple cosmopolite ? Ne voyez-vous pas où ils puiseraient très facilement leurs complices et leur force.

Méfions-nous.

.·.

La question du décret Crémieux est donc intimement liée à la Réforme de toutes les lois sur la naturalisation et l'électorat : l'une ne va pas sans l'autre. Ce qui sera fait pour les uns doit l'être pour les autres.

Les étrangers, qu'ils soient originaires d'Italie ou d'Allemagne, d'Alicante ou de Malte, deviennent trop facilement nos égaux, au point de vue politique ; qu'ils jouissent des mêmes droits civils que nous, qu'ils soient sujets français, à la rigueur, peu importe, s'ils sont méritants ; mais qu'ils participent à nos élections, à nos discussions politiques : Non, mille fois non !

L'histoire enseigne surabondamment les erreurs de nos gouvernants anciens. Dans la Métropole, les étrangers désireux de faire partie de notre nation sont *astreints, en dehors des conditions de moralité et autres exigées, à une résidence obligatoire continue de* DIX ANS. Dix ans, retenons bien cette durée !

En Algérie, où cependant le péril existe, c'est certain, on est plus facile : TROIS ANS seulement de résidence suffisent, et encore combien de fois, par suite de faux témoignages, cette résidence se trouve réduite !

D'un Napolitain quelconque, attiré ici par la bonté du caractère Français, par la richesse du climat, par la facilité avec laquelle on se livre au doux exercice de la pêche ; d'un Napolitain ignorant nos lois, nos mœurs, n'ayant aucune idée de notre amour sacré de la Patrie, ne sachant de la France que ce qu'elle lui produira, on en fait un citoyen français en trois ans !!!

D'un fils d'Italiens de Mosso Santa-Maria ou de Milan..., né en Algérie, qui aura compris sans efforts les avantages *d'être* citoyen français, de ne faire qu'un an de service par exemple, alors qu'en Italie il en eût fait trois ou cinq, on en fait un Français à l'âge de 22 ans parce qu'il se sera tout simplement présenté au Conseil de révision !!!

Ubi bene, ibi patria !

Où sont les mérites de ces étrangers ? où sont leurs sentiments Français ?

Que ce soldat se comporte mal au régiment, qu'il vende ses équipements militaires, son fusil Lebel, ses cartouches, il sera traduit devant le Conseil de guerre, comme un vrai Français, jugé et condamné, puis à l'expiration de sa peine, il reviendra dans notre pays narguer et nos juges militaires et notre drapeau !

Civil, non naturalisé, cet Italien eût été expulsé du territoire français pour bien moins que cela.

Militaire, devenu Français en quelque sorte par force,

puisqu'il n'a rien demandé, il sera hors l'expulsion et restera comme un danger chez nous.

**

Les néo-Français, on le sait, témoignent fort peu souvent de leur qualité de Français. Quand ils consentent à ne pas se dire *Italiens, Maltais ou Allemands*, ils se disent avec un aplomb qui déconcerte « *Africains* » ou simplement « *Algériens* ». Se proclamer ouvertement Français constitue pour eux comme une sorte de honte. Entre eux, ils restent ce qu'ils sont ; parmi nous, ils prennent *des apparences* de Français, mais le cœur n'y est pas, à de rares exceptions près.

D'ailleurs le contraire serait-il possible ? Peut-on sincèrement, quelque soit le moment de la vie, oublier sa patrie d'origine ? Renier le sang qui coule dans les veines ? Le nom qu'on porte? Les plis et les couleurs du drapeau paternel et national ?

Certes, non.

D'un loup peut-on faire un agneau ?

Aussi grâce à nos lois si disparates, grâce à l'arsenal de documents extraordinaires qu'il y a lieu de refondre, on a été nécessairement appelé à faire des constatations bien drôles :

Dans une famille italienne par exemple : le père a d'abord été naturellement Italien, ainsi que la mère ; le père ensuite s'est fait naturaliser Français ; la mère également. La *naturalisation* étant absolument individuelle, il s'en est suivi que les enfants sont demeurés *Italiens* ; mais ensuite, l'aîné a conservé sa nationalité italienne en servant sous les drapeaux d'Italie ; les cadets, au contraire, bénéficiant de notre législation, sont devenus Français, en se présentant au recrutement militaire en Algérie ; d'autres frères ou sœurs, encore mineurs, pourront, arrivant leur majorité, soit rester Italiens, soit devenir citoyens Français.

Quelle bouillabaisse dans les sentiments patriotiques et des uns et des autres, comme dirait le député Carnaud !

En cas de guerre européenne, quand la Triplice se mettra en mouvement, peut-on douter un instant de ce qui se passera ? Les divers membres de cette famille combattront-ils ensemble, sous le même drapeau, pour la même Patrie ? Crieront-ils « Vive la France » ou « Viva Italia ».

Et si la fortune ou le hasard plaçait l'aîné sous la tunique de « bersaglieri » en face du cadet sous la tunique de zouave, que penseriez-vous de l'horreur de cette lutte ? Serait-elle humaine et tous les cœurs français ne la regretteraient-ils pas ?

Je n'insiste plus. Je laisse aux grands penseurs le soin de méditer.

⁂

C'est un des plus grands honneurs que la France puisse faire à un étranger de le considérer comme son propre fils, de l'appeler à jouir des prérogatives attachées au titre de citoyen Français, de l'autoriser à porter un nom et à s'afficher d'un titre. Cet ensemble d'avantages forme pour l'étranger une protection incontestable envers et contre tous les sujets des autres nations.

Or, les étrangers qui se font naturaliser Français, qui sont devenus Français ou qui le deviennent en bénéficiant de nos lois extraordinaires, peuvent-ils se récrier en quoi que ce soit, contre leur patrie d'adoption ? S'ils le font, sont-ils véritablement Français de cœur ou seulement Français par intérêt ? Ont-ils le droit, comme quelques-uns viennent de se l'arroger, de s'insurger contre les institutions de leur mère adoptive, de blasphémer contre ses représentants, d'ameuter la foule, de la tromper sur le sens véritable de leurs opérations et leur but, est de créer au moyen de l'injure et de la révolution, une situation spéciale et particulière dont souffrent surtout leurs aînés, Français d'origine, en ce qu'ils ont de plus précieux : *le sentiment national* ? A ne considérer que les évènements récents, l'étranger recueilli, nourri au sein d'une mère qui pour lui est étrangère, mais qui néanmoins lui a livré tout : honneurs et prérogatives sublimes, peut-il, en toute sincérité, critiquer les actes de cette même mère et troubler par des exploits indignes, cette grande quiétude humaine obtenue par la civilisation, faisant d'un monde ancien un monde nouveau ?

Et ce même étranger, si hospitalièrement traité par la Nation française, ne devrait-il pas au contraire, avoir constamment au cœur cette haute et noble inspiration d'écouter sans murmurer, d'obéir avec douceur à la volonté maternelle et de taire ses haines personnelles et ses ignobles desseins, étant donné que les révolutions ne procurent à un Peuple que d'amères déceptions bien souvent ?

L'Histoire de la Nation Française est malheureusement méconnue par la plus grande partie des étrangers qu'elle a bénévolement adoptés. S'ils la connaissaient bien cette histoire ; s'ils savaient, ces étrangers insoumis, avant de se réclamer dans le courant des tempêtes soulevées, de la qualité de citoyen français, combien la France a toujours été large, généreuse, ennemie aux yeux du monde entier, des guerres civiles, guerres de castes ou de religion, certes il n'y aurait pas lieu d'enre-

ou de commerce ; de plus, les étrangers étaient tenus à les conditions rigoureuses de moralité et à la prestation du serment civique.

La loi était formelle. La formalité du serment civique était de l'essence même du *pacte de naturalisation*. L'étranger devait jurer obéissance et fidélité à sa mère d'adoption et respect à toutes ses volontés. Le serment avait sa raison d'être : son utilité serait aujourd'hui plus que précieuse. Les parjures, ne serait-ce que par pudeur, seraient peut être moins nombreux.

La naturalisation n'avait donc jamais été considérée comme un droit. C'était une insigne faveur qui ne s'obtenait que dans des conditions spéciales, difficiles à réunir toutes à la fois, démontrant surtout l'intention bien arrêtée du demandeur de renoncer à sa Patrie originaire et de s'enrôler pour toujours sous les plis du drapeau des Trois-Couleurs. En outre, l'Administration était dans la stricte obligation de s'assurer si, en dehors des conditions exigées par la loi, il n'existait pas des raisons de moralité, d'ordre et d'intérêt public qui s'opposassent à ce que l'étranger demandeur soit adopté par la nation française, s'il n'y avait pas quelques motifs de craindre que ce titre de citoyen Français ambitionné, ne soit pas plus tard compromis, traîné dans la boue ! (Documents législatifs de l'époque).

Les étrangers naturalisés d'aujourd'hui, le comprennent-ils *tous* ? Ont-ils tous les véritables sentiments qui conduisent sans secousse, au respect des volontés de la Nation-Mère : qui défendent les velléités de révolte intérieure, qui au contraire, approuvent toujours la nation bienveillante de ce que la nation fait ?

gistrer les crimes, les indignités, les ins
lâchetés qui viennent de discréditer l'Al
jamais !

Ces gens-là ignorent notre Histoire natio
se sont jamais doutés des pages glorieuses
ferme, des héros et des célébrités dont n
droit de nous enorgueillir. Et ceux-là mêi
tendent l'avoir beaucoup lue, la connais
moins, ou alors ils font tout pour prouver

Des étrangers sont venus à nous, loyal
chement, ceux-là méritent notre estime. M
sollicitant cet insigne honneur d'être
y ont été poussés par intérêt, par la
de pouvoir, au même titre que les França
obtenir des emplois et des honneurs, des co
des entreprises ; ils sont venus à nous po
lancer (ce qui est fait déjà, il faut le recc
proclamer bien haut), l'élément français d
nos chantiers publics ou ailleurs ; beaucou
à nous aussi pour échapper aux lois d'ex
constamment suspendues, comme l'épée d
sur la tête des professionnels du vol, du
l'assassinat, de quelque origine qu'ils soient
ne rêve-t-on pas quelque part de faire de l
nouvelle Cuba ?

Un remède s'impose. A cet effet, jetons u
la législation dans le passé.

I. Sous l'empire de la Constitution du
1791, les étrangers résidant en France,
territoire, de parents étrangers, devenaient
après *cinq ans* de domicile continu en F
condition encore d'avoir acquis des immeubl
une Française ou formé un établissement d

II. Sous l'empire de la Constitution du 5 fructidor an III, et sous la réserve du serment civique qui continue à subsister, la durée de résidence est portée de cinq à *sept* ans. L'article 10 dit en effet ce qui suit :

« L'étranger devient Français lorsque après avoir « atteint l'âge de 21 ans accomplis et avoir *déclaré* l'in- « tention de se fixer en France, il y a résidé pendant « *sept années consécutives* pourvu qu'il paye une con- « tribution, etc., etc. »

III. La Constitution du 22 frimaire an VIII, insiste sur les mêmes conditions de moralité, serment civique et autres, et décrète une résidence de DIX ANNÉES CONSÉ-CUTIVES.

On le voit, la dominante de la législation du passé est une *résidence aussi longue que possible*. Pourquoi cette résidence? Pour habituer l'étranger à nos mœurs et à notre esprit ; pour lui faire aimer le sol qu'il va adopter; pour bien l'imprégner de tout ce qui est français, bien français : bonté, sagesse, amour du prochain et de la Patrie, etc., et pour lui faire perdre en quelque sorte le souvenir même de son origine étrangère et de ses traditions !

L'Algérie n'était pas Française alors. Les législateurs ne pouvaient naturellement pas prévoir que la France s'agrandirait d'une Colonie, aussi riche qu'immense; qu'elle en formerait trois départements et que ces trois départements seraient un jour peuplés d'un élément étranger facilement soulevable et capable d'envahir l'élément français.

IV. Les arguments qui ont servis de base au sénatus consulte de 1865, au décret du 24 octobre 1870, à la loi municipale de 1884 et aux lois de 1889 et de 1893 sur les sujets qui nous occupent, ont été pris un peu trop en dehors du domaine de la réalité; ils procèdent de l'idéal et cet idéal, s'il a fait voir à nos législateurs des avantages là où il n'y en avait aucun, il a laissé pour compte aux Français d'origine d'ici beaucoup d'inconvénients et encore plus de dangers.

.·.

Il ne faut pas se le dissimuler. Le péril est imminent ; les Français d'origine, si les Italiens, les Maltais et autres naturalisés s'allient, vont se trouver en minorité. Nos Lois électorales ont besoin d'une refonte complète. En changeant les Lois, nous changerons les mœurs. Rappelons-nous l'exemple de la commune de Mers-el-Kébir Oran : 76 Français d'origine seulement sont en présence de 297 étrangers naturalisés ; tous sont électeurs !

Mers-el-Kébir est un port de guerre !!

Si les citoyens nouveaux renoncent aux droits de reconnaissance que leur implique leur pacte même de naturalisation, que leur dictent autant les scrupules que la logique, il en est fait de la prépondérance française, et de l'amour-propre national français ; il en est fait des institutions du pays, de nos libertés et de nos prérogatives. Aux prochaines élections, le pays pourra être livré à des étrangers naturalisés, ou à leurs sous-verges, des ambitieux n'ayant eu d'autre talent que celui de la division des meilleures volontés françaises.

Eh bien ! à cette ligue doit répondre une autre ligue. Ni des statuts ni des adhésions écrites sont nécessaires. Le cœur de chaque Français d'origine doit y suppléer. Que chacun de nous se dise : « *Je veux être chez moi le maître.* » Les idées politiques deviennent purement secondaires ; la seule idée qui doit nous animer, qui doit faire vibrer toutes les parties de notre corps est l'idée de la *Patrie d'origine*. L'Algérie aux Français, oui, mais aux Français d'origine. Le *nouveau péril* qui nous menace, nous plaçant nous, Français d'origine, au niveau d'un étranger quelconque, ne connaissant de notre nation que ce dont il en bénéficie, *doit disparaître*. Si « charbonnier est maître chez lui » le Français doit l'être aussi, répétons-le.

Unissons-nous contre *ceux* qui ont trop aisément bénéficié de nos lois, à qui nous avons trop donné à la fois, et qui aujourd'hui, sous de fallacieux prétextes, tendent ni plus ni moins, qu'à nous gouverner ou à nous faire gouverner par leurs sous-verges.

« *L'Algérie aux Français* », oui, mais non aux naturalisés, qu'ils soient JUIFS, ITALIENS, ESPAGNOLS OU ALLEMANDS.

Le mal de l'Algérie n'est que là, ne le cherchons pas ailleurs. Le Français d'origine manifeste pacifiquement, il réclame ce qu'il croit devoir réclamer aux Pouvoirs publics avec calme, avec dignité ; il ne *défonce* pas les magasins, il ne vole pas ; il s'en tient à la manifestation pure et simple, n'insulte pas la magistrature, la police, l'armée. Il a le sentiment du respect des corps élus à côté de celui du devoir ; il pousse la vénération de la Mère-patrie à l'excès, et il supporte patiemment ses volontés. Le Français d'origine, a foi dans l'avenir et l'avenir ne le trompe jamais dans ses revendications ; tôt ou tard, il sait que la satisfaction couronnera ses efforts. Tout cela est Français, bien Français, il n'y a que le cosmopolitisme algérien qui ait donné l'exemple du contraire.

Arrière insoumis !

Arrière faux Français ! Parjures !

Que ceux des étrangers qui ont réclamé individuellement la naturalisation autrement que par intérêt, qui se sont comportés depuis et toujours, en amis de l'ordre et de la paix restent nos amis ; que ceux de leurs enfants qui ont bénéficié des bienfaits de cette naturalisation, qui l'ont comprise et rendue plus précieuse pour eux en agissant en véritables Français, le soient aussi ; il n'est guère possible que ceux-là rêvent la ruine de l'Algérie, sa honte suprême et la disparition du sentiment national Français. Ceux-là sont dignes de nous : n'y touchons pas, au contraire manifestons pour eux, s'il est possible encore, plus de fraternité, plus d'amitié.

Mais que ceux des étrangers qui n'ont pas demandé, eux-mêmes leur naturalisation, qui ont été *contraints* par nos lois, de choisir entre leur pays d'origine et le nôtre, qui depuis se sont montrés insoumis, réfractaires à toute humanité, au progrès et à la civilisation ; que ceux qui sont venus à nous par pur intérêt, et par ambition, que ceux qui, devenus ainsi Français, se sont arrogés le droit de diriger nos destinées, qui se réclament à la foule aveugle ou ignorante, d'un Patriotisme fort douteux pour bouleverser les esprits, susciter des haines profondes, créer une sorte de suspicion et d'insécurité, dans tout et partout, que ceux-là, disons-nous, soient traités différemment. En vérité, ces insoumis, ces réfractaires et révolutionnaires ne méritent pas plus que les ignorants de n'importe quelle religion, l'insigne honneur de jouir des mêmes droits et des mêmes prérogatives que les Français, ou que les naturalisés Français par conviction et par amour de notre Patrie !

Honte à vous enfants adoptifs, qui avez attendu le moment opportun d'être suspendus aux seins de votre Mère nourricière pour la mordre plus à votre aise !

Honte à vous qui avez profité de l'instant solennel où vous pénétriez dans la noble famille française pour en diviser les meilleurs de ses véritables enfants et pour en poignarder les autres !

Arrière insconcients ! mauvais citoyens ! patriotes louches, douteux !!! que toutes les ruines que vous avez accumulées retombent sur vous ! soyez les premières victimes de vos exploits indignes.

Et nous, bons Français d'origine, nous dont la dignité vient d'être compromise par des insconcients et des ingrats, nous qui souffrons d'être placés au même niveau qu'eux, ayons confiance dans le bon sens de nos compatriotes de la Métropole. Tournons-nous vers la France et disons-lui bien haut :

« FRANCE, c'est toujours vers toi que notre pensée se
« porte. Les moments nous paraîtraient doublement
« critiques, si nous n'étions pas certains de trouver un
« écho dans ton cœur ! Vois dans quelle angoisse nous
« ont placés des frères d'adoption. Le pays se meurt !
« Au sentiment de la Nation, fait place l'idée séparatiste
« qui va grandissant chaque jour. *L'Algérie-Cuba :*
Prends garde, France !

« Mets un frein à l'inquiétude de l'avenir ; abroge le
« décret Crémieux, mais en même temps abroge aussi
« toutes les lois qui permettent trop facilement l'entrée
« dans notre famille, qui font trop d'électeurs à la
« conscience élastique. ! Que l'étranger qui sollicite ce
« grand honneur soit réellement digne de l'obtenir ; qu'il
« soit notre hôte depuis longtemps ; qu'il y ait des inté-
« rêts, une famille, un nom sans tâche ; qu'il y jouisse
« de l'estime et de la considération de tous ; et encore
« pour qu'il comprenne bien l'importance du bienfait
« qu'il sollicite, demande-lui, exige de lui de vivre à
« l'écart de nos discussions politiques PENDANT TRENTE
« ANS AU MOINS à partir du jour de son adoption. Privé-
« le en attendant de ce droit. Qu'il soit ton fils, qu'il

« soit notre frère adoptif, mais que notre excès de
« bonté ne constitue plus en danger pour nous tous.
« Or, le danger existe, il est évident, il est à redouter. »

« Puisque l'Algérie se meurt de la politique, puisque
« cette politique avilit le sentiment national français ;
« puisqu'elle présage des jours douloureux pour la
« Patrie, reprenons aux inconscients, aux insoumis et
« aux révolutionnaires étrangers, tout ce que nous
« leur avons donné et qu'ils ne méritent pas : reprenons-
« leur LES DROITS POLITIQUES.

FRANCE, la presse algérienne est unanime dans son désir : « L'Algérie aux Français ».

FRANCE, souscrit à ce désir, mais pas de méprise :

« L'ALGÉRIE AUX FRANÇAIS D'ORIGINE. »

Et vous Françaises d'Algérie, vous dont les ressources du cœur sont inépuisables, vous qui savez si bien faire partager l'amour du vrai et du beau, songez toujours, dans les douceurs du foyer, à la grande noblesse de notre patrie d'origine, aux sentiments chevaleresques de nos aïeux ! Unissez vos efforts aux nôtres. Restez toujours Françaises, rien que Françaises ! Songez également aux dangers que nous courons, sous le ciel bleu de notre Colonie, en témoignant de l'indifférence aux mouvements de l'étranger envahisseur, en laissant usurper progressivement les honneurs et les prérogatives des nôtres. Ne craignez-vous pas d'être les premières atteintes par votre excès de bonté ?

Haut les cœurs, nobles concitoyennes !

Si quelques défaillances se produisent autour de vous, soyez promptes à les relever au doux cri de :

« *Vive la France !* »

« C'est un Français d'origine qui vous le demande,
« un bon Français, n'en doutez-pas. Qui sait ? son nom

« sera peut-être traîné dans la boue demain ; mais
« quelle douce consolation pour lui d'avoir été le pre-
« mier à signaler le danger en puisant dans votre civis-
« me les précieux moyens de le conjurer : »

Encore une fois, nobles Françaises et chères concitoyennes, demandons en chœur :

« *L'Algérie aux Français d'origine !* »

Merci.

BOHRER.

(Jean De FERMATOU).

Alger, 7 août 1898.

POLITIQUARDS ALGÉRIENS

L'Algérie, cette bien bonne terre française, qui n'en peut mais.... est devenue, depuis quelques années, la terre promise des politiquards.

Le coup de balai s'impose.

Les honnêtes gens, un moment bafoués et, en quelque sorte, cloués au pilori, par des morveux de la plume, reprennent leur place. L'ouvrier, le véritable travailleur, celui qui trime du matin au soir, en vue d'assurer le pain quotidien du foyer, s'est enfin aperçu que les déverseurs de bave, les égoutiers du journalisme, loin d'améliorer son sort, n'ont fait que le rendre plus malheureux. Le colon, le courageux colon, celui dont l'Algérie s'honore à juste titre, s'est ému ; il exige maintenant des garanties sur le passé moral de ceux qui font métier d'écrire, avant d'accorder le plus faible crédit à leurs théories. Par les temps qui courent c'est non seulement intelligent, mais encore et surtout très prudent.

Toutefois, il est certains politiquards qui ne désarment pas. Semant partout la discorde, divisant les meilleurs esprits, trompant les meilleurs caractères, ils beuglent encore et s'acharnent plus que jamais sur une proie qu'ils sentent perdue pour eux.

La curée n'est plus !!...

A court d'expédients, ces calabrais de la politique,

ces rastaquouères du journalisme imaginent et inventent avec une désinvolture sans nom. Ils ne discutent plus les idées ; ils fondent, comme d'immondes va-nu-pieds, sur le fonctionnaire, sur le représentant, sur l'armée. A ces forbans, rien n'est sacré, pas même la famille. Les secrets du fonds de l'alcôve sont mis à jour ; s'il en manque, ils en créent avec le concours de leur esprit mensonger. Ces pleutres, ces lâches du dernier degré, n'épargnent rien : ni les souvenirs d'une mère bien aimée, d'un père perdu, de frères et sœurs encore vivants, rien, rien ne les arrête dans leur écœurante besogne ; à ces écrivains du bas étage, à ces journalistes sans vergogne, il leur faut de temps à autre une victime, sous le couvert d'une polémique. Malheur à qui passe dans leur égouttoir !!!...

Et savez-vous ce que sont généralement ces politiquards ? Des insulteurs à gage, des gens qui ont eu maille à partir avec la justice de leur pays, des clients de la correctionnelle, des pensionnaires temporaires des prisons civiles, des individus pour qui tout a été lourd : instruction, éducation, civilisation, des fruits secs des lycées, des soldats à rabiot, des étudiants en rupture de Faculté, des déclassés ; en un mot de véritables gens de sac et de corde, vrai gibier de potence. Oh ! dégoût du dégoût !!!...

Et ce sont ceux-là, oui, qui agitent le peuple, cet éternel sacrifié, qui conseillent la grève à l'ouvrier, sans souci des misères qu'elle entraîne, sans souci du pain absent après le chômage, qui disent aux colons d'abandonner la terre et qui clâment l'exploitation de l'homme par l'homme et autant de turpitudes analogues, mais dont le succès auprès des caractères faibles est généralement certain.

Parfois ces forbans parlent de patriotisme, de leur

amour sacré pour la Patrie, alors que, *bien souvent* nouveaux venus dans la famille française, ils n'ont pour but que de se créer une situation lucrative ou de s'enrichir différemment au détriment des ruines amoncelées. Les lâches ! Triples lâches !!!...

Pauvre Algérie ! pauvre Colonie qui pourrait faire l'orgueil de la nation entière, aussi bien qu'elle excite la jalousie de tous les peuples !!!...

Le Panama a eu ses chéquards. Ceux-là ont procédé à l'escamotage de plusieurs millions dérobés à l'épargne, aux travailleurs économes notamment ; mais, quelle que soit l'importance des fortunes volées, jamais, au grand jamais, les chéquards du Panama n'auront occasionné autant de mal à la gloire nationale que les politiquards algériens.

Il est temps que les honnêtes gens reprennent le dessus et laissent les baveurs à leur égouttoir.

« Ouvriers, colons et commerçants de l'Algérie, exi-
« gez des gages sur le passé moral de vos hommes, sur
« leur origine, sinon votre ruine totale est fatale. »

Sétif, 25 avril 1897.

AUX JOURNAUX D'ALGER

Merci à tous les journaux d'Alger qui ont bien voulu annoncer la « Brochure ».

UN MOT

A UN FRANÇAIS

Vous voulez que je taise votre nom, absolument. C'est bien, j'observe votre désir ; mais je vous remercie de votre précieux appui.

A vous de cœur,

BOHRER.

A MES AMIS

Tous mes amis connaissent mon caractère ; ils sont assurés de toute ma ténacité dans l'œuvre patriotique et algérienne que j'entreprends.

A nous de bien nous soutenir.

B.

Prochainement à Alger M. Bohrer se propose d'organiser une conférence où seront admis seulement les Français d'origine et leurs familles, ainsi que les Européens naturalisés Français depuis dix ans au moins. Les membres de la presse qui voudront bien honorer la conférence de leur présence devront réunir cette condition.

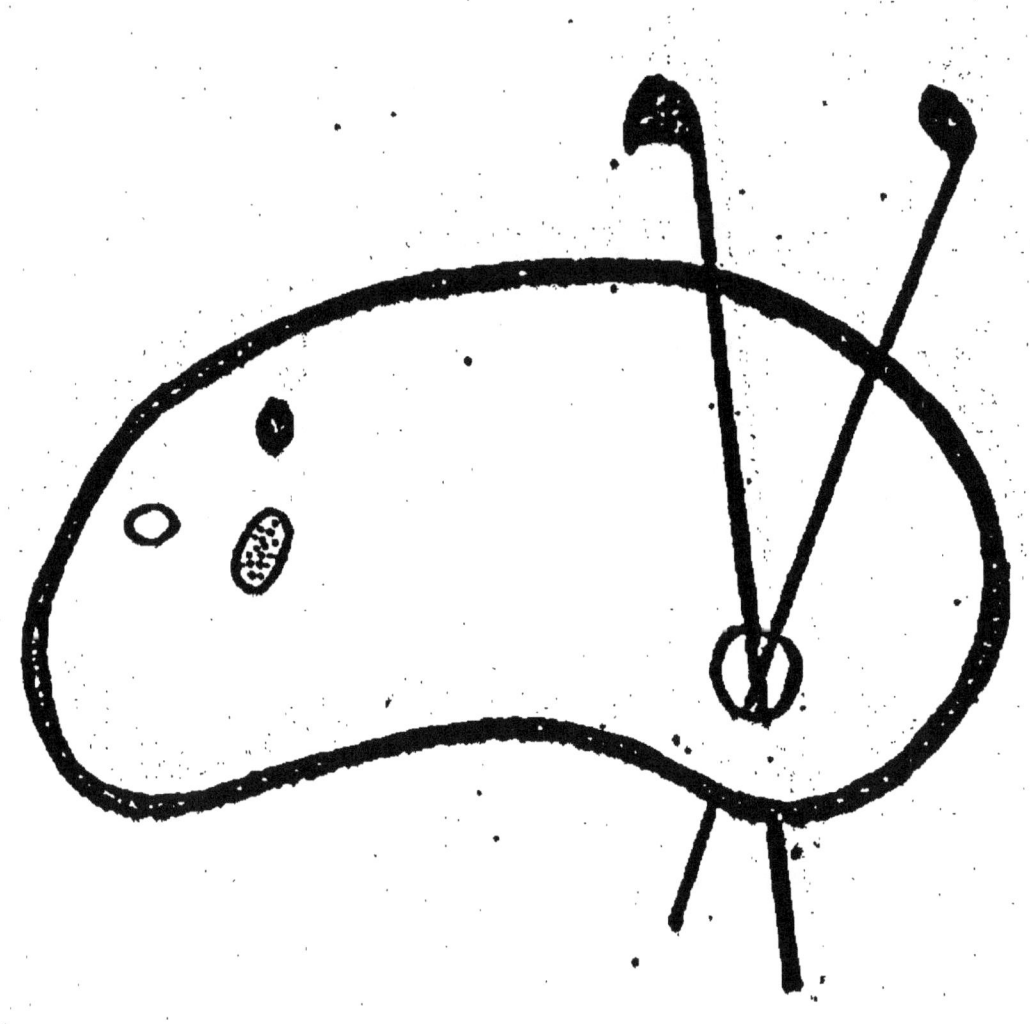

AVIS POUR L'I[N

Pour recevoir *franco* des exem[plaires de cette]
brochure, prière d'adresser autan[t de timbres]
que d'exemplaires demandés, en[...] au
nom de M. Bohrer, imprimerie [et librairie]
Viguier, rue Bab-el-Oued, 16 et 1[8...]

---

www.ingramcontent.com/pod-product-compliance
Lightning Source LLC
Chambersburg PA
CBHW060929050426
42453CB00010B/1919